PHILOSOPHY OF QUEEN ELIZABETH II

英国女王が伝授する

70歳からの品格

英国王室ジャーナリスト

多賀幹子

KADOKAWA

STAFF

執筆 ····················· 多賀幹子
ブックデザイン ····· 月足智子
イラスト ············· わたなべろみ
　　　　　　　　　 大橋美由紀
構成・制作 ··········· 岡本真実
　　　　　　　　　 印田友紀 (smile editors)
校正・校閲 ··········· 鴎来堂
写真提供 ············· アフロ、AP／アフロ、
　　　　　　　　　 ロイター／アフロ、
　　　　　　　　　 代表撮影／ロイター／アフロ
編集 ····················· 佐々木健太朗 (KADOKAWA)

CONTENTS

　イギリスの女王エリザベス2世は、2022年9月8日にスコット
ランドのバルモラル城で逝去された。9月19日に執り行われた国
葬は厳粛ながら壮麗で、イギリスの底力を見せたといわれる。女
王の70年という在位期間は英王室最長で、享年96も英国君主
最高齢だった。

　女王は当初、君主に就く立場にはなかった。伯父エドワード8
世がシンプソン夫人との結婚を望んで退位したため、弟にあたる
女王の父がジョージ6世として戴冠した。この時点で長女エリザ
ベス王女の「君主」が決定した。利発で聡明だがまだあどけない
10歳の少女の運命が定まったのだ。責任の重さから母に「弟を
生んで」と頼んだというが、いったん女王になると見事な君主ぶり
だった。国民に全身全霊を捧げると誓い、それを70年間守り通
した。国民を愛し国民への奉仕をすべてに優先させ、国民も女
王からの愛に応えた。外交分野では120か国以上を公式訪問し
たが、テーマはいつも和平と和解だった。「君臨すれども統治せ
ず」を守り、政治に口をはさむことなく、平和への道筋を拓いた。

　名君主として献身的に働くと同時に、家庭を大切にした。初恋
の人であるフィリップ殿下と結ばれ3男1女に恵まれた。しかし、

4人のうち3人が離婚（2人が再婚）し、次男アンドルー王子が未成年者の性的虐待疑惑で訴えられる。女王は忙しさのあまり子どもたちに十分な愛情を注ぐ時間がなかったためかと、自分を責めることもあった。子どもばかりでなく、孫のヘンリー王子はメーガン妃と結婚後、王室離脱してアメリカに住む選択をした。高位王族としての責任と義務から逃亡したばかりでなく、アメリカの媒体を使って王室批判を繰り返す。それは二人に多額の収入をもたらした。女王は晩年に子や孫の起こしたトラブルに苦しめられる場面が多かった。

　それでも女王の国民と共にありたい、との意思はゆるがなかった。「信じてもらうためには見てもらわないといけない」と考え、年齢に関係なく服装は鮮やかな色彩を選んだ。赤やオレンジ、黄色などのワントーンカラーだった。前から後ろから横からもすぐに見つけてもらうためだった。明るい色で「女王にお会いできてよかった」と思ってほしかった。BBCのアンケート調査によると、国民の3人に一人が女王に会ったという。「会う」といっても、勲章授与の際に親しく話すレベルから、テープカットに町を訪問した女王を一瞬見かけたレベルまで、程度は様々でも見たことに間違い

ない。「開かれた王室」を目指した女王は、国民との触れ合いを最も大切にした。

　この本は、贅沢なつくりになっている。まずはカラフルな女王の写真を楽しんでほしい。あえて時系列にはしていないので、どのページを開いても女王の色鮮やかなファッションが目に飛び込む。ＴＰＯに合わせて着こなす姿には思わずため息が漏れる。大胆なデザインが目を引く帽子、首元で結ぶスカーフ、左腕に通すロウナー・バッグ……。90歳を超えて鮮やかな色がこれほど似合う人もいないだろう。歩行とともにコートドレスの前が割れて、色が動くさまは見事だ。女王の前進にカラフルな色も踊っている。

　さらにこの本は女王の名言を拾っている。亡くなる二日前に首相任命の大役を果たし、生涯現役を貫いた女王。背筋の伸びた凛とした生き様とチャーミングなお人柄。威張ったり見栄を張ったりせず、うそをつかない。謙虚で誠実で率直で勤勉だった。96年の人生から滴り落ちる名言をちりばめてあるので、ファッションを楽しみながら、女王の人生哲学に触れてほしい。

　気が付くのは、名言にはユーモアがただようものが多いことだ。

大切な王冠でさえ笑いのネタにしたり、女王の臨席に緊張する場を和ませる一言を発したり……。機転の利く言葉の数々に思う存分酔ってほしい。女王ほど言葉の力を信じた人はいない。女王の、自分さえ笑う心のゆとりに学んでほしい。

　さらに女王の英語には日本語訳を併記したので、貴重なクィーンズイングリッシュに生で触れられる。女王の装いの見事さを楽しみ、激動の時代をほぼ1世紀生き抜いた人生から零れ落ちた名言に揺さぶられ、イギリス英語の巧みな面白さも感じていただきたい。傑出した人物から何かを得てご自分をさらに豊かにしていただけたら、これ以上うれしいことはない。

2023年4月20日
エリザベス女王が
ご存命なら明日は
97歳の誕生日でした

多賀幹子

AS
THE
QUEEN

第1章

女王として

エリザベス女王は、在位70年という英王室最長記録を打ち立てた。その間、ただの一度も国民に尽くす姿勢が揺らいだことがなかった。「開かれた王室」を目指して、国民との触れ合いをなにより優先させた。

私の全生涯を通じ、
真心を込めて、
皆様の信頼に
応えられるよう努力します

**Throughout all my life and
with all my heart,
I shall strive to be worthy of your trust.**

1953年6月2日、ロンドンのウエストミンスター寺院で戴冠式を終えると、国民にラジオで話しかけた。父の崩御時25歳だった2児の母に「君主」が務まるのか、女性リーダー不在の時代、危ぶむ声がなかったわけではない。その不安や危惧を女王の力強い宣言は吹き飛ばし、女王がただものではないことを知らしめた。イギリスは「女王の時代」に栄える。エリザベス一世、ビクトリア女王に続いて登場したエリザベス二世。シンプルながら誠意がにじむ「君主宣言」で、国民の心をわしづかみにした。

戴冠式では英国を代表するファッション界の巨匠、
ノーマン・ハートネルによるサテンドレスを着用。

私たちは
義務を果たすに値します

I know we shall be worthy of our duty.

父ジョージ6世の死去を受けて、1952年12月サ
ンドリンガム邸より行われた初のライブのラジオクリ
スマス放送。多くの重大問題と困難が立ちはだか
るが、先祖から与えられた信念と冒険する力があれ
ば、私たちは義務を果たすに値すると訴えた。含
蓄が深く、人々は女王の言わんとするところをそれ
ぞれが受け止めた。このあと「若者の最高の資質で
ある冒険心を生かしたい。若さとは年齢ではなく心
が若いこと」とも話している。「若さ」の定義はこれま
た多くの人に響いたことだろう。

1952年12月、26歳。女王として初めて国民へ向けたクリスマスメッセージを送った。

私の戴冠式は、
未来への希望の宣言です

これも女王の戴冠式でのスピーチ。第二次世界大戦では、イギリスは連合国軍と共にナチス・ドイツと戦い、勝利はしたものの、甚大な被害を受けた。ロンドンなども無数の建物を爆撃により破壊され、死傷者も多かった。国民の苦しみと悲しみは大きかったのだ。戦後の女王の戴冠は新しい時代を予感させ、希望の光となった。女王もまた、そうした国民の期待を感じ取り、それに応えたいと抱負を述べたのだった。

My Coronation
—— is a declaration
of our hopes
for the future.

1953年6月2日。王冠をかぶり
バッキンガム宮殿のバルコニー
に登場した27歳の女王と31歳
のフィリップ殿下。

女王として

私は、法律を作ることも
裁判を行うこともできませんが、
他にできることがあります。
それは、私の心と愛を
捧げることです

I do not give you laws or administer justice
but I can do something else......
I can give my heart and my devotion......

女王は、君主ではあっても、できることとできない
ことがあると説明する。立法や司法の分野はでき
ないことなので、君主としては、決して手を出さな
い。その代わりに国と人々のために真心を捧げると
言う。国民には女王の存在の意味がよく理解でき、
できないことを期待したりしない。この言葉は、自
分の「シンボル」としての意味合いをよく伝えてい
る。国民は、女王から自分たちは愛されていると感
じ取ることができた。

1988年、62歳の誕生日に撮影されたポートレート。

I have observed that
some attributes of
leadership are
......often about
finding ways of......
encouraging people to
combine their efforts,
their talents, their
insights,
their enthusiasm
and their inspiration to
work together.

リーダーシップの特性とは、
努力、才能、洞察力、熱意、
インスピレーションを結集して
共に働こうと、
人々を勇気づけることです

女王はリーダーシップについてよく問われる。イギリスの首相はも
とよりアメリカ大統領など世界のリーダーたちと長年に亘って交流
を深めたからだ。むろんご自身も長く名君主としてリーダーシップ
を発揮した。女王ほどリーダーの特性を知り尽くす人はいないし、
女王ほどリーダーの資格を備える人はいないとされ、国連でリー
ダーについての演説を求められた。スピーチを終えると、会場から
しばらく拍手が鳴りやまなかった。

皆様の前で宣言します。
私の人生が長くても短くても、
全生涯を皆様に捧げます

**I declare before you all that my whole life,
whether it be long or short,
shall be devoted to your service......**

1947年21歳の誕生日に滞在中の南アフリカからスピーチを行った。この時にはまだ戴冠はしていなかったが、伯父エドワード8世の退位により、父ジョージ6世が国王に即位していた。これにより女王は王位継承1位になり、将来の「君主」となることが決定した。それで女王の覚悟のスピーチとなった歴史的な言葉である。21歳の見事な決意表明に、偉大な君主の予感がする。伯父の退位により国に大きな不安が広がったため、国民の信頼に足る安定した君主であるべきと決意した。

1947年4月21日、21歳の誕生日。南アフリカのナタール国立公園で記念撮影。

When I was 21,
I pledged my life to
the service of our people.
And I asked for God's help
to make good that vow.
Although that vow was
made in my salad days
when I was green
in judgement,
I don't regret nor
retract one word of it

21歳の私は国民への奉仕に
命を捧げると誓いました。
そして誓いを実現すべく神に祈りました。
確かに当時の私は未熟で
判断力も十分では無かったでしょう。

しかし誓いを後悔せず、
その中の一言も撤回しません

在位25周年シルバージュビリーの際のスピーチ。
女王は21歳の時に、滞在先の南アフリカから演
説を行った。それは、将来は君主になることが既
に決まっていた時期だった。国民への奉仕に自分
の生涯を捧げるという誓いだったが、当時の自分
は未熟で判断力も十分ではなかったと認める。し
かし、その時の気持ちは全く変わっていないとい
う。国民の敬愛の気持ちはいっそう深まった。

1977年6月7日、51歳。在位25周年イベントで夫のフィリップ殿下と共に。

あまりに気分が悪いので、退位すべきと思ってしまったわ

I do feel so ill,
I thought I must abdicate.

女王は生涯現役を貫いたが、年齢が上がるにつれチャールズ皇太子に君主を譲り生前退位をすべきとの声が上がるようになった。これを女王は十分に承知していた。しかし、生前退位はするつもりはなく、戴冠時に誓ったように命の炎が燃え尽きるまで使命を果たす覚悟だった。この言葉は女王が王室所有のブリタニア号で船酔いに苦しめられた時、友人に漏らした。このような冗談が出る女王の器の大きさに「安心した」との声が高まった。女王が生前退位について言及したのは、この時だけだった。

2015年3月、88歳。P＆Oクルーズ「ブリタニア号」の命名式に出席。

何時間も
書類とにらめっこで、
外に出られないのは
残念でもあります

Though I do rather begrudge
some of the hours that I have,
to do instead of being outdoors.

女王の仕事がいかに大変か率直に語った。ワーキ
ングマザーのパイオニアだった女王は、仕事を終
えて家に帰るという生活はできにくかった。仕事と
生活がひと続きになっていて、完全に切り離すこと
が難しい。女王は速読が得意だったので、短時間
で大量の書類に目を通すことができたが、それでも
平日はバッキンガム宮殿で仕事に追われ、外に出
ることさえできなかった。それだけに週末は郊外の
ウィンザー城で犬と遊んだり乗馬したりして楽しむ
ようにしたという。

1971年、45歳頃。バッキンガム宮殿での一枚。
おびただしい数の書類に目を通す。

本当の愛国主義とは、他人の愛国主義を理解することです

**True patriotism does not exclude
an understanding of
the patriotism of others.**

愛国主義についての本質を突いたと称賛される言葉。愛国主義は、とかく自分の愛する国以外の国を愛することを許さない、狭い考えに陥りがちだ。自分の国を愛することは、他人の国を愛する気持ちを理解することであると語りかける。その深い哲学に思わず胸をつかれる。私たちは、自分の愛する国だけを尊び、他の人にもまた愛する国があることまで思いをめぐらせないもの。自分の考えや行動を思わず振り返りたくなる。

1961年11月、35歳。英連邦の一つシエラレオネを訪問中の女王。

{ episode of... }

Exclusive Dresser

専属ドレッサー

女王のワードローブは、多くの人たちの称賛の的だ。特に、鮮やかな赤、オレンジ、黄などを見事に着こなすさまにはため息がもれた。女王のワントーンコーデ（一色つかい）は、ご自分が着飾るのが目的ではなく、国民に見てもらいたい、という気持ちからだった。一目で女王であると認識してほしいのだ。国民の3人に一人が女王を見たことがあるというBBCの調査結果がある。

女王は、国民に見てもらうために洋服を選ぶ。目立つ色なら

「女王」とすぐにわかってもらえるし、明るい色なら気持ちも晴れやかになる。前から後ろから横からも、すぐに「女王にお会いした」と思えるように心がけた。女王を見るために長時間並んで待った人も多いに違いない。そういう人たちに、楽しくうれしい気持ちになって帰ってほしい。鮮やかな色遣いの選択は国民のためだ。これで、もっとも「着ない色」がグレーであるのも説明がつく。グレーもすてきな色合いではあるが、国民と会う時にわざわざ選ぶことはなかった。

　専属ドレッサーはアンジェラ・ケリーさんだ。女王が亡くなるまで25年以上、ワードローブを一手に引き受けた。リバプールの縫製職人の家庭に生まれ、王室の面接を受けるために電化製品を売ってロンドンまでの交通費を工面したといわれている。王室に入るとめきめき頭角を現し、女王のファッションはすべて彼女の息がかかったものになった。強風でスカートがめくれないように、裾に小さな鉛のおもりをつける工夫をしたのもケリーさんだ。女王からは王室での数々の思い出を綴った本の出版許可も下りている。

　何より彼女を有名にしたのは、靴の履きならし役であったことだ。女王が新しい靴（アネーロ＆ダヴィデ）をおろすときに靴ずれができて痛み、歩けないようなことが絶対ないように、サイズが同じケリーさんがまずしばらく履くのが常だった。女王からは「私たちは双子のようね」という言葉を掛けられている。

INSPIR
THE
NATIO

第2章

国民への激励

女王は、国民が悲しいとき、つらいとき、苦しいときに、決まって国民に呼びかけた。戦争で親元を離れ疎開する子どもたちに、コロナ禍で親しい人を亡くした人たちに寄り添った。女王の真心のこもった励ましに人々は奮い立つ力を得た。

2013年12月25日、87歳。王室一家恒例の
クリスマス礼拝で、子どもたちから花を受け取る女王。

私たちは、
気を散らせるものが
あふれる世の中で、
立ち止まり、
吟味することを
忘れてしまいがちです

**With so many distractions,
it is easy to forget to pause
and take stock.**

在位60周年を迎えた2013年のクリスマスメッセージ。忙しさに追いまくられる私たちではあるけれども、立ち止まって自戒したり自分をいたわったりする時間を持ちましょうと呼びかける。このスピーチからちょうど10年が経っているが、世の中はさらに忙しくあわただしくなり、この言葉がさらに重みを増している。

私たちは皆、最終的には
すべてがうまくいくことを
知っています。
神は私たちを気遣い、
勝利と平安を与えてくださいます

We know every one of us,
that in the end all will be well;
for God will care for us
and give us victory and peace.

1940年10月13日、BBCラジオ「チルドレンズア
ワー」で王女は呼びかけた。第二次世界大戦中、
イギリスはドイツからの激しい攻撃を受け、子ども
たちを親元から離して、カナダやオーストラリアなど
に疎開させる政策が取られた。子どもたちの心に
寄り添い、励ますスピーチをわずか14歳の王女が
行った。親と離れて見知らぬ外国に行く不安な思
いをする子どもたちを励ました。国王が話すよりも、
年齢が近い王女が話しかけた方が子どもの耳に伝
わりやすいとの判断だったと思われる。

1940年10月13日、初めてのラジオ放送を行う
エリザベス王女（14歳・右）と妹のマーガレット王女（10歳・左）。

It has been women who have breathed gentleness and care into the harsh progress of mankind.

人類の厳しい進歩に
やさしさとおもいやりを
吹き込んできたのは女性だったのです

女王が君主として即位したのは1952年である。女性の権利を推し進めようと
したウーマンリブは1960年代から70年代のことだ。まだ世界でも女性のトッ
プがほとんど見当たらないころ、君主となった女王は女性のリーダーの少なさ
をひしひしと感じていたのだ。それだけに、女性が果たしてきた役割の重要
性を訴えたかったのだろう。

1966年、西インド諸島のグレナダを訪問中の女王。40歳頃。

BLACK SHOES

BY

Anello & Davide

お直ししながら大切に履き続けた
アネーロ＆ダヴィデのシューズ

女王は、生涯を通して黒のシンプルな靴を愛用していたが、特にアネーロ＆ダヴィデのものがお気に入りだった。100％オーダーメイドで、女王の足にフィットするよう、木型からすべて手作りで製作される贅沢な品。女王は、ヒールやトップを交換しながら、長年大切に使用していたそうだ。

Arello
&
Davide

...... When your life
seems most
monotonous,
what you do is
always of
real value and
importance to
your fellow men.

2015年11月、89歳。テムズ川のほとりで乗馬をする女王。

あなたの生活が
とても退屈で
単調に見えるときでも、
あなたのしていることは
いつでも今後の
人たちにとっては価値が高く
大切なことなのです

生活は同じことの繰り返しが多く、退屈かもしれない。しかし、それは後世の人たちにとっては、とても価値があり重要なことなのだ、と教えている。自分だけの視点ではなく、たえず後世の人たちの視点に立つべきと言っている。自分の存在が消えた後の人たちの判断に耐えうる自分とは。また女王から新たな課題をいただいた。

2019年5月8日、93歳。雨の中、ロイヤルウィンザーホースショーを見学中。

We will be with our friends again; we will be with our families again; we will meet again.

私たちは友人とまた会い、家族とまた会い、互いにまた会うでしょう

女王は2020年4月パンデミックで国民が苦しんでいたころ特別スピーチを行った。クリスマス以外に国民に向けてスピーチを行うのは5回目だ。「ある人は別れの悲しみにくれ、多くの人は経済的困窮に苦しみ、すべての人が生活の変化に戸惑われているでしょう」と思いやった。医療関係者に感謝の言葉を述べ、最後に「また会いましょう」と結んだ。これを聞いた人々は別れる際に、「また会いましょう」と声をかけ合った。女王の言葉は人々の希望の合言葉になった。

2020年5月8日の戦勝75周年スピーチ。女王は、ちょうど75年前、父が放送したのと同じ時刻に話した。「あの戦争（第二次世界大戦ヨーロッパ戦線）は総力戦であり、すべての人に影響を与え、だれもその衝撃からまぬがれませんでした」と話す。BBCの放送では、「あきらめずに絶望しない」という女王の言葉は、これこそが女王自身のモットーだったのではないだろうか、とコメントしている。

Never give up, never despair.

よりよい未来を作るために、闘い続けようとさらに強く心に決めるのです

......they are all the more determined to struggle for a better future.

この言葉の前に、「人生が困難に見えるとき、勇気のある人はただ横たわって敗北を認めたりしません。その代わり……」というくだりがある。人生において困難な時は数多い。しかしただ敗北を認めたりしないようにと女王は呼びかける。闘いを続けると決意を固めてほしいが、それはよりよい未来を作るためなのだ。困難にぶつかった時に、きっと思い出す文言だ。

2010年12月25日、84歳。一家揃ってのクリスマス礼拝を終え、少年から贈られた一輪のバラを手にする女王。

皆様にお会いできて、
本当にうれしいわ。
皆様の幸運を願っています

I am very glad to have been
able to meet all of you, and
the best of luck.

コロナのために対面で国民と会えなくなっても、女王はオンラインを使って会話を継続させようと努力した。画面越しではあっても、顔を見ながら笑顔で言葉を交わした。所属する軍から世界各地に派遣されている人々とウィンザー城から話しをするのを大変に喜んだ。その国の様子を詳細に聞き出し、彼らの仕事の内容に耳を傾け、いつもねぎらった。女王が熱心に話を聞いてくれたことを、彼らは誇りにしたという。

2022年6月28日、96歳。スコットランドにて、
プラチナジュビリー記念のパレードに出席。

国民への激励

1998年11月、72歳。博物館を訪問し、ビジターブックにサインをする女王。

明日の世界のために、私たちはできるだけ熱心に共に働かないといけません

In tomorrow's world we must all work together as hard as ever.

女王の働く意欲を端的に示している。できるだけ頑張って働かないといけない、と勤労の尊さを訴える。女王は事実、非常に勤勉で大きな病気をすることもなく、会合への欠席や遅刻は皆無。どのような小さな公務でもきちんと仕事を果たした。女王は自分が勤勉だからこそ、懸命に働くことを国民に勧めたのだろう。それがすべての基礎であるとしたのだ。

{ episode of... }

Queen's Diary

日記

「エンバンクメント、ピカデリー、ペル・メル……。ただひたすら何マイルも歩いた。午前（深夜）0時半にバルコニーに入る両親を見て、食事をして、パーティーをして、午前3時に寝た！」

　これはエリザベス女王が、第二次世界大戦でイギリスが勝利した日のことを綴った日記の中の一文だ。当時19歳のエリザベス女王は、妹マーガレット王女と共にロンドンの町に繰り出した。人々が楽しそうに歓声を上げダンスをしてパーティーを繰り広げているのを見て、加わりたかったのだろう。これは、史実

に基づいた映画『ロイヤル・ナイト——英国王女の秘密の外出』（2015年）として公開された。

　女王は幼い時から日記をつけていた。それは、「君主」としての重責に対応する大事なすべでもあった。君主としての日々はいつもうまく行くわけではなく、失敗も少なくなかったから、自己嫌悪に陥ることもあっただろう。女王が心の内を明かすのは、母親のエリザベス皇太后と妹だった。長女アン王女が成長すると、王女にも打ち明け話しをした。母と妹が続けて亡くなったあとは、4人の子どものうち、ただ一人の女の子であったアン王女によく話しをした。国葬の際に、亡くなったスコットランドのバルモラル城からエディンバラ、そしてロンドンのバッキンガム宮殿から棺の一般公開場、葬儀が行われたウエストミンスター寺院、埋葬地ウィンザー城まで、片時も棺を離れることなく付き添ったのがアン王女で、これは女王の希望だった。

　「君主」をやっていくために家族の支えを求め、同時に忙しい時間をやりくりしてほぼ毎晩日記をつけた。そこには出来事を振り返っての感想や、会った人たちの名前や印象などを書きつけた。記憶の確認のためでもあり、誰にも言えない感情を吐き出すためでもあった。今後のための貴重な覚え書きでもあっただろう。英王室最長の在位70年を全うするため、女王が重視したのは精神的安定だった。

FAMILY ISSUES

第3章 家族問題

女王は「君主」として称賛を浴びる一方、身内の問題で苦しんだ。子どもにトラブルが多いのは、子どもと十分な時間が取れなかったからと罪悪感を抱いた。それでも、「家族を持つことは素晴らしい」と言い切る。

It's the secret of a happy marriage to have different interests.

幸せな結婚の秘訣は、
互いに違う趣味を持つことです

女王とフィリップ殿下の結婚生活は殿下の死去で終わるまで70年以上続いた。お二人の仲睦まじい夫婦生活はよく知られている。それでも、一時、殿下には女優との浮気のうわさが流れ、女王も一部承知していたと言われる。しかし、女王が見て見ぬふりを貫くと、殿下は女王の愛に応えるようになった。夫婦は相手のすべてを把握する必要はなく、違う方向を向き異なる時間を持つこともまた必要という女王のアドバイスである。

1953年、巡洋艦から写真撮影する27歳の女王と32歳のフィリップ殿下。

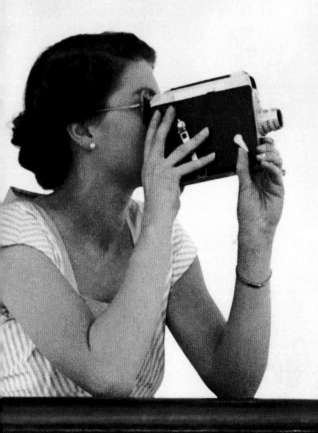

1992年は純粋な喜びをもって振り返れる年ではありません。"散々な年"と言ったところでしょう

**1992 is not a year on which
I shall look back with undiluted pleasure.
——It has turned out to be an annus horribilis.**

ウィンザー城で火災が起きて、1000年以上王族が住んだ居城の115部屋が焼失したと言われる。原因は照明器具でカーテンが燃えるというありふれたものだった。女王にとってはつらい出来事だったけれど、国民に隠そうとはしていない。正直に伝えることで理解を求めた。また、1992年は、チャールズ皇太子とダイアナ妃が別居したとのニュースも流れた。「まるでおとぎ話のよう」と国民に称賛された結婚の無残な結果にも女王の胸は痛んだ。

1992年11月24日、66歳。在位40周年記念の昼食会。
女王がスピーチ前にワイングラスを手にする稀な一枚。

私は彼女に感銘を受け
尊敬していました。
彼女の他者に捧げたエネルギーと、
特に2人の王子への
献身的な愛に対してです

I admired and respected her
——for her energy and
commitment to others,
and especially for
her devotion to her two boys.

ダイアナ妃は、チャールズ皇太子と結婚したものの離婚、その翌年1997年8月末日にパリで交通事故死した。女王はスコットランドで避暑中で、ロンドンに帰って来ない。国民の悲しみは怒りに変わり、その矛先は女王に向けられた。女王は、ダイアナ妃の葬儀で追悼スピーチを行い、「ダイアナ妃に学びたい」と締めくくった。女王の国民の気持ちに添う言葉で、王室に対するわだかまりは次第に解けていった。在位中最大の危機と言われたダイアナ妃の死。乗り越えたのは国民に寄り添う女王の言葉だった。

1985年、59歳のエリザベス女王と24歳のダイアナ妃。サンドリンガムの私邸にて。

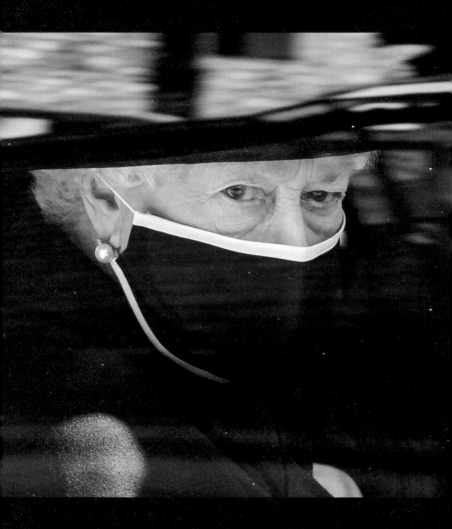

2021年4月、94歳。
99歳で死去した夫フィリップ殿下の葬儀に参列。

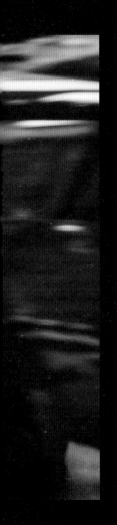

よかった。
メーガンは来ないのね

**Thank goodness,
Meghan is not coming.**

2021年4月9日にフィリップ殿下が亡くなり、葬儀
にメーガン妃が渡英するかどうか、女王は気にして
いた。数日すると、リリベットちゃんの妊娠中で「医
者から止められた」とのニュースが入った。それを
知った女王は思わずこうつぶやいたのだった。珍し
く女王の本音が出たとして広まり、Tシャツに大書
され販売されたりした。女王は静かに夫を弔いたく
ても、メーガン妃が出席すれば、彼女に焦点が当
たって騒ぎになる。彼女が来ないことを知って、ふ
と女王が漏らした一言だった。

チャールズが国王になるときは、カミラは王妃になることを望みます

I want Camilla, the Duchess of Cornwall, to be known as Queen Consort when Prince Charles becomes King.

女王は在位70周年の記念祭時に、カミラ夫人は王妃になるように望むと明言した。夫人がチャールズ皇太子と再婚したときは将来は王妃にならないとの約束だったが、彼女の勤勉な公務に取り組む姿勢や再婚後のスキャンダルゼロの生活ぶりから判断した。将来、彼女の称号については、国民の間で必ずもめると予想していた。チャールズ国王のスムーズな船出のためにも、自分の「一言」が決め手になるよう生前に伝えた。夫人のことは嫌っていた時期もあったが、私的な感情に流されず、王室にとっての最善策を発信した。

2019年10月15日、ウエストミンスター寺院の
750周年記念礼拝に出席した93歳の女王と72歳のカミラ夫人。

我が家にも、家族間の意見の不一致といったものがあります

......we have our share of
......family disagreements.

「我が家にも風変わりで気まぐれで、言うことを聞かない若者がいたりします」の後に続く言葉。素晴らしい家庭でも、親にとって扱いにくい子どもはいるし、家族間で意見が合わないこともあると、率直に打ち明けた。王室だからといって、理想的な家庭とは限らない。飾らない、見栄を張らない、正直な人であった。こうした言葉は、国民に親近感を抱かせたことだろう。

1982年8月4日、ウィリアム王子の洗礼式の記念写真。
ソファ中央のダイアナ妃と、その左に座る56歳の女王。

リストなんて
気にしないで、
あなたたちの友人を
優先すればいいのよ

Get rid of it.
Start from your friends ......It's your day.

2011年ウィリアム王子とキャサリン妃 (当時) の結婚式に先立ち、700人と決まっている招待客のリストを見たウィリアム王子は、驚いた。ヨーロッパ王室の遠い親戚など知らない人ばかりで埋まり、自分の友人たちを招く余地がない。女王に相談すると、女王はこう言って励ました。ロイヤルウエディングの縛りなど気にしないでと背中を押した。ウィリアム王子は女王の優しい理解ある言葉がうれしかったと述べている。

2011年4月29日、85歳。
ウィリアム王子とキャサリン妃の結婚式に出席。
胸にはラバーズ・ノットブローチが。

家族を持つことについて尋ねられたら、確信をもって賛成です、と答えられます

If I am asked what I think
about family life
......I can answer ......I am for it.

結婚25年が経った1972年のスピーチ。家族を持つことについて尋ねられたら、こう答えます、として口にした。君主であったために日々公務などに忙殺され、必ずしも子どもたちと十分な時間を持てなかった。4人の子どものうち3人までの結婚が破綻したのも、母親の愛情不足が関係したのではないかと悩んだこともあった。長男の不倫に次男の性的虐待疑惑など、子どものスキャンダルに悩まされることも少なくなかった。それでも、やはり家庭を持つことはいいことと言い切る。

1965年4月の家族写真。左からアンドルー王子、
アン王女、女王に抱かれたエドワード王子、
チャールズ皇太子、フィリップ殿下。

{ episode of... }

In the Bag

バッグの中に入れるもの

「女王スタイル」に欠かせないものがある。それは、左腕に通したハンドバッグだ。女王は、「このバッグを持たないと、きちんと服を着ている気持ちにならない」とまで言い切っている。バッグは英国ブランド、ロウナー(Launer)で、女王はアトリエを訪れ製作過程を見学、職人の優れた技に魅了された。一つの価格が30万円以上と言われるが、傷めば修理に出すなど大切に扱い、文字通り片時も離さなかった。亡くなる二日前にスコットランドのバルモラル城でトラス首相(当時)を任命したときも、左腕に黒色のロウナーを持っていた。

ハンドバッグの中には、いったい何が入っているのだろうというのが国民の長年の疑問だった。よほど大事なものが収めてあるに違いない。2022年6月プラチナジュビリーでは、クマのパディントンとお茶会をした寸劇が大きな話題になった。この中で女王はハンドバッグから、マーマレード・サンドイッチを取り出した。パディントンと同じように「私も持っていますよ」と見せたのだ。国民の間に、バッグの中身に関心があると承知してのユーモア劇だった。

　実際は、口紅、手鏡、イニシャルが刺繍されたハンカチーフ、眼鏡、ミントキャンデー、チョコレート、クロスワードパズル帳などが入れてある。日曜日に教会に礼拝に行くときは、きちんと折りたたんだ紙幣も忘れない。

　また、側近に合図を送るときにハンドバッグを使用する。バッグを床に置いたときはすぐにこの場から立ち去りたい。バッグを持ち替えたときは、3分以内にこの場から出られるようにしてほしい、などだ。VIPなどと向かい合っているときは、自分の希望は口に出して伝えにくい。側近がバッグの合図を認めると、「女王陛下、○○様より緊急のお電話が入っております」などと伝えて、その場から引っ張り出してくれる。愛用のバッグはこうした役目も担っていた。

UPLIFT
HUMOU

NG
R

第4章

幸せを呼ぶユーモア

女王の言葉には、ユーモアがあふれる。自分自身をユーモアで笑い、ミスしたアメリカ大統領をユーモアにくるんでチクンと刺し、困っている人をユーモアで救い、緊張する場をユーモアで和ませた。女王のユーモアはやさしさに満ちている。

この人は
会ったことがありますよ

This policeman did.

かつて女王は警備係りの警察官とスコットランドの
バルモラル城周辺を散歩していた。するとアメリカ
人の観光客に会ったが、彼らはその人が女王とは
わからなかった。彼らは「女王に会ったことがあり
ますか」と尋ねた。女王は「いいえ」と答えた後で、
警備員を指さしてこう言ったのだった。女王はこの
手のユーモアが大好きで、頭の回転が早く機転が
利くのだった。

1976年5月、50歳。ロイヤルウィンザーホースショーを見学中。

私自身は朝ごはんに
ニュージーランドの卵を
いただくのが好きなんです

**I myself prefer
my New Zealand eggs for breakfast.**

1986年フィリップ殿下とニュージーランドを訪問したとき、デモ隊から卵を投げつけられた。その後、公式晩さん会で女王は、ニュージーランドには有名な生産物がありますが、朝ごはんに卵をいただくのが好きと話した。卵を投げられたことに不愉快な感情を見せたり、ニュージーランド当局の警備の不手際を責めたりしないで、ニュージーランド産の卵はおいしい、私は朝ごはんに食べていると話した。胸をなでおろし、感謝した人は多かったのではないだろうか。

1986年2月、59歳。ニュージーランドを訪問中。

多分、私に死んでほしいのね

Perhaps they want me dead.

2016年女王はチェルシーフラワーショーに行った。美しいガーデンが並ぶ国際的な花の大会が女王は大好きで、毎年欠かさず足を運んだ。ひときわ美しいスズランに女王が見とれていると、庭師が「このスズランは有毒です」と話しかけた。すると女王は表情を引き締め「今週二房食べさせられたわ」と答え、上記のように続けた。これは、女王のお得意のジョーク。稀ではあっても、女王は命を狙われる存在である。これをジョークでさらりと漏らした。

2016年5月23日、90歳。チェルシーフラワーショーでの一枚。

Tomorrow I am going to see 16 people. I may not look so good tomorrow.

明日は16人と会う予定なの。きっと疲れ果てているわ。

南アフリカのマンデラ氏がイギリスを訪問した。「お元気そうで何よりです。お忙しくされているでしょう」と女王に声をかけたときの返事。一日に16人に会うとは、今更のように女王の忙しさが伝わる。マンデラ氏にもさらりと打ち明けた。大変な時には強がったりしないで、正直に「大変です」と話す女王だった。無理をしない。強がらない。これが英王室最長の在位の秘訣だったのだろう。

女王がバッキンガム宮殿でエリック・クラプトンに会った時に出た言葉。エリック・クラプトンといえば、著名なミュージシャン。ローリングストーン誌の「史上最高のギターリスト100人」で2位に選ばれている。女王は知ったかぶりはしない。素直に尋ねたのだ。エリック・クラプトンはその時になんと返事したのだろうか。

Have you been playing a long time?

私はこの乾杯を
「私はここに1776年にいましたが」で
始めるべきかしら

**I wondered whether I should start
this toast by saying,
"When I was here in 1776......"**

女王は、2007年にホワイトハウスに招かれた。その時にジョージ・ブッシュ大
統領（息子）が、女王はアメリカの独立200年祭を祝いに「1976年」に来てく
ださったと言うべきところを「1776年」と言った。気が付いた大統領はすぐに
訂正した。しかし、2日後の晩餐会で女王はスピーチを始めたときに、このよ
うに話し始めた。会場は爆笑の渦に包まれ、一瞬のうちに和やかなムードに
なった。アメリカ大統領でも遠慮はない。ユーモアにくるみながらもチクリと刺
した女王だった。アメリカ人から女王の胆力が評価された。

2007年5月7日、81歳。ホワイトハウスの公式晩餐会で乾杯する女王。

幸せを呼ぶユーモア

どうして
お出にならないの?

Why don't you answer that?

女王と話をしている時に、ある人の携帯電話が鳴ってしまった。周囲の人が緊張して、女王の反応を固唾を呑んで待っていた。すると女王は、上記のように電話に出るようにと促したのだった。しかも女王は、どなたか大切な人からかもしれませんよ、と笑顔で付け加えたのだった。その場にいた人は皆ほっとして、女王のユーモアにあふれた寛容な言葉に感謝したのだった。

2021年6月12日。ウィンザー城で95歳の公式誕生日を記念した式典に出席。

快適には程遠いわね

No, nothing like
that is comfortable.

2018年、女王は王冠についてのインタビューを受
けた。前の机には王冠が置いてある。「王冠は重い
ですか」と聞かれて、下を向くと首が折れそうな重
さなので、読むべき冊子を手で持ち上げていると
明かす。「1キロはあるかしら（3ポンドを約1キロと
換算）。とても重いわ」。そして上記の言葉が出た。
しかも王冠は前後がわかりにくいとも言う。君主の
象徴である重要な王冠をジョークのネタにする女
王。率直な飾らない人柄がしのばれる。

2012年5月9日、86歳。在位60周年記念で
戴冠式と同じ王冠をかぶり、議会の開会演説をする女王。

今日は
顔が見えるかしら

**I do hope you can see me today
from where you are.**

1976年、フォード大統領夫妻から招かれて、女王とフィリップ殿下はアメリカを訪ねた。女王のスピーチの時に前に置かれた台の調節がうまくいかず、女王の帽子しか画面には映らなかった。それから15年がたち、女王は再びアメリカへ。ブッシュ大統領（父）夫妻を訪問した。女王はワシントンD.C.の上院の会合でスピーチに臨んだ。かつてのハプニングについてユーモアを交えて上記のように話した。女王の記憶力に圧倒される人が多かったが、率直な発言に大きな笑いが起きた。

1991年5月14日、65歳。
ホワイトハウスのバルコニーにてブッシュ大統領と。

これで終わり

How interesting.

会話をしている女王が話しを終わらせようとすると
きに、「これでおしまい」などとは言わないで、「なん
て面白いのでしょう」と言うのが常だった。「さような
ら」の代わりに使用する。相手を傷つけない最善の
言葉ではないだろうか。また女王に限らず、一般
的にイギリス人は、面倒な会話を上手に終わらせ
るときに、これを使うことがあるという。「インテレス
ティング」を「興味深い」と受け取って、喜んではい
けないのだろう。

2011年4月1日、84歳。レスキュー訓練をする孫のウィリアム王子を訪問中。

幸せを呼ぶユーモア

WATERPROOF JACKET

BY

Barbour

英国王室のお気に入り
バブアーの防水ジャケット

1894 年創業。女王をはじめ、英国王室のカントリーライフに寄り添い続けるバブアーのジャケット。雨の多いイギリスでは、防水性の高いワックス・コットンジャケットは大活躍。このジャケットにチェックのスカート、ヘッドスカーフというのが、乗馬をするときの女王の定番スタイルだった。

Barbour

So do I.

私もよ。

在位70周年の祝賀行事の時、クマのパディントンは女王のお茶会に招かれた。パディントンが帽子からサンドイッチを出したのに続いて、女王は左記のように言って、ハンドバッグからサンドイッチを取り出した。ハンドバッグには何が入っているのだろうかと常々国民の間で話題になっていたので、その答えでもあった。家族にも話していなかったために、シャーロット王女が目を丸くした。お茶目な女王は人を喜ばせたり驚かせたりするのが好きだった。亡くなるわずか3か月前のことだった。

2022年6月、96歳。プラチナジュビリーウィーク中、バッキンガム宮殿でパディントンとお茶をする女王。

私はどうでも
いいですからね

I do not matter.

在位70周年の記念行事の一環で、2022年2月、女王はサンドリンガム邸に近隣の人たちを招いた。そこで用意された記念のケーキにナイフを入れる際に、描かれた図柄の向きが報道陣のカメラ用になっていた。つまり女王から見るとさかさまになっていたのだ。そこで女王は一言。上記のような明るい冗談を口にして、周囲を安心させたのだった。

2022年2月5日、95歳。プラチナジュビリーを祝うケーキをカットする女王。

幸せを呼ぶユーモア

みんな楽しそうに
するべきなんですか

**Are you supposed to be looking as
if you're enjoying yourselves?**

2021年6月に、イギリス南西部コーンウオールで
主要7カ国（G7）首脳会議が行われた。新型コロ
ナウィルスのパンデミックが始まって以来、各国首
脳が初めて対面で集まる機会になった。歓迎レセ
プションに女王も出席。バイデン大統領夫妻や欧
州連合首脳との記念撮影では、議長国の女王は
場の空気をほぐそうとするかのように、隣のボリス・
ジョンソン首相（当時）に上記のようにさりげなく声
をかけた。周囲は思わず大笑い。首相は、「ええ、
もちろん —— というか、実は外見にかかわらず、み
んな楽しんでいるんですよ」と答えて、またさらに笑
いが広がった。

2021年6月13日、95歳。G7参加のため訪英した
バイデン米大統領との会談に臨む女王。

{ episode of... }

Fashion Accessories

小物のこだわり

女王は小物にこだわりを持つ。まずカサだ。イギリスは日本と比べると季節に関係なく、よく雨が降る。女王のさすカサは、日本でもよく見かける透明なビニール製である。ただ縁取りの色は、身に着ける服とマッチさせている。黄色のコートドレスであれば、縁取りは黄色である。カサはフルトンというイギリスブランドで、お母様も愛用されていた。しっかりしたつくりで、少々の風ではびくともしない。深いアーチ形が愛らしく、雨から肩まですっぽりと守ってくれる。透明なので、女王のお顔はよく見える。英国王室ご用達の逸品だ。

帽子についてもこだわりがある。着る服と同じ系統の色にしており、あまり高さがないのは、車の乗り降りの際にぶつからないようにするためだ。またたとえ風が強くても飛ばされないように、工夫がされている。女王の帽子が風で舞い上がった話は、確かに一度も聞いていない。専属ドレッサーのアンジェラ・ケリーさんは衣服のデザインを決めるばかりでなく、帽子についても女王と詳細に話し合っている。

スカーフも女王には欠かせない。あごの下で結ぶのが女王スタイル。赤やオレンジの鮮やかな色を選ぶので、顔回りが一気に華やぐ。エルメスのスカーフが多く選ばれているようだが、エルメス社はパリの馬具工房から始まった。馬が大好きな女王は親しみを覚えるのだろうか。

またブローチも100点以上を所有する。いずれも記念日にプレゼントされたり、特別な機会にあつらえたりした貴重な品だ。カナダを訪れた際には、カナダの国旗に描かれたメープルリーフをかたどったブローチをつけた。これは、プラチナにダイヤモンドがあしらわれていて、父がカナダ訪問前に妻にプレゼントしたもの。母から女王に受け継がれ、キャサリン妃がカナダに行く際にも貸し出された。アクセサリーは相手にリスペクトを示す重要なアイテムだ。

SPEAKI
OF
THE
QUEEN

NG

第5章

女王について語れば

女王については多くの人が語っている。チャーチル首相は、まだ幼いエリザベス王女の並外れた資質を言い当てているし、チャールズ国王やウィリアム皇太子は、温かい人柄を偲ぶ。誰からも敬愛された女王だった。

リリベット（女王の愛称）は
私の誇り、
マーガレットは
私の喜びです

—— ジョージ6世〔父〕

Lilibet is my pride, Margaret is my joy.
——George VI [father]

父ジョージ6世は2人の娘を同じように愛していた
が、性格の違いを口にしていた。女王はまじめで
几帳面な人柄だった。一方妹は快活で奔放なとこ
ろがあった。彼女は、離婚歴のあるタウンゼント
大佐との結婚を望んだが許されなかった。その後、
別の男性と結婚して二子を授かったが離婚。年下
の男性などとのうわさも流れ71歳で死去。母親の
皇太后は後を追うように死去した。女王は親しい
家族を続けて失った。

1940年頃、ウィンザー城でピアノを弾く
14歳頃のエリザベス王女（右）と10歳頃のマーガレット王女。

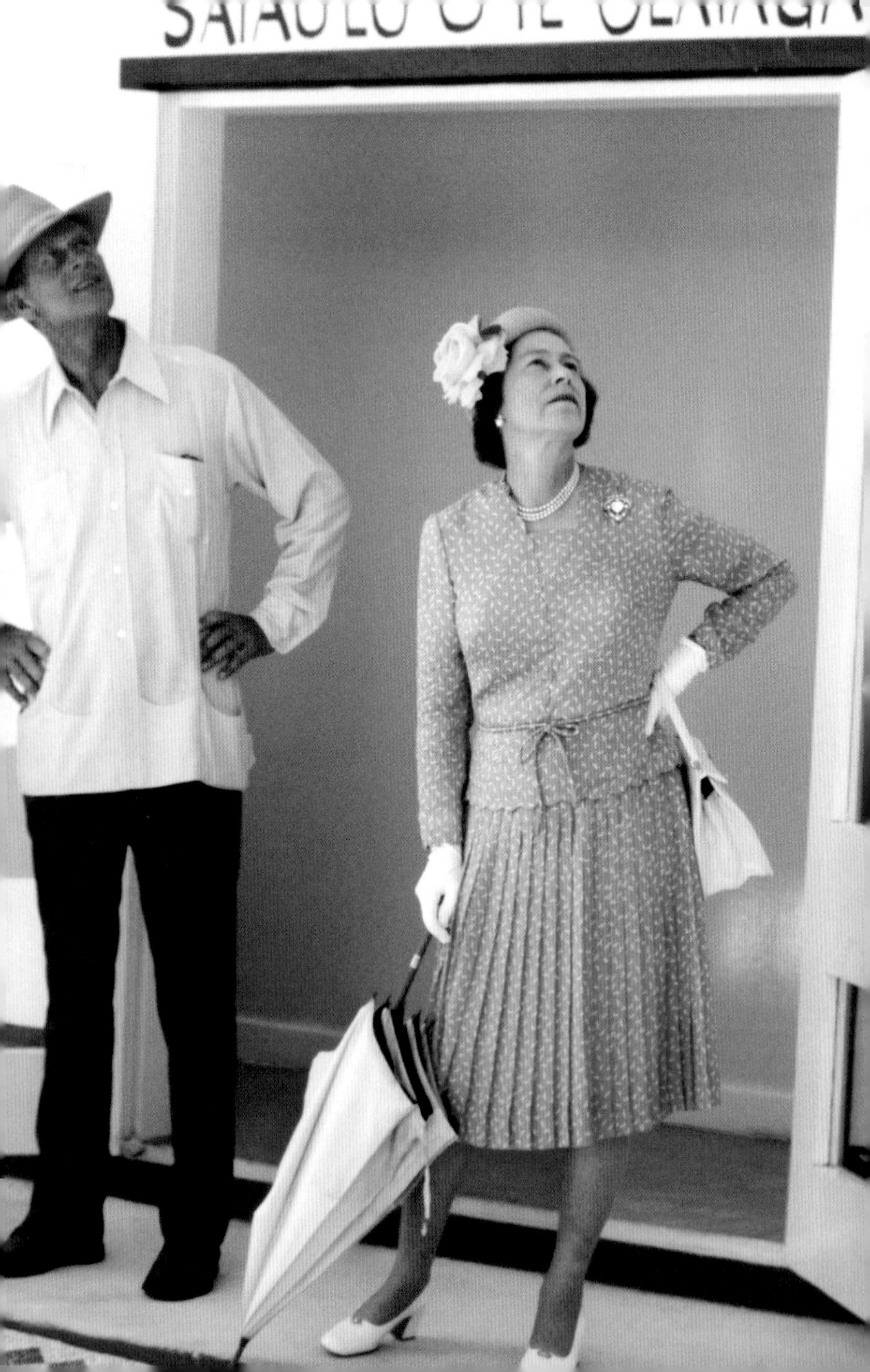

ああそうなんです。
うちでもその
トラブルがあるんです

—— フィリップ殿下〔夫〕

**Ah yes, we have that trouble
in our family too.
——Prince Philip [husband]**

あるパーティーで、フィリップ殿下はオーストラリア
人男性と話す機会があった。彼は、「私の妻は哲学
博士で、私よりもずっと重要人物なんです」と打ち
明けた。するとフィリップ殿下が、このように応じた
のだった。妻が君主というのは夫として誇らしいこ
とではあっても、すべてにおいて妻が優先されるこ
とに不愉快な思いをしたことがないわけがない。結
婚前、殿下は優秀な軍人で将来を嘱望されていた
のだ。あえてトラブルと言ったのはフィリップ殿下の
ユーモアと率直さを示している。

1982年10月27日。ツバルを訪問中の56歳の女王と61歳のフィリップ殿下。

娘を結婚させる方が、自分の結婚よりずっと心を揺さぶられます

——ジョージ6世〔父〕

It is a far more moving thing to
give your daughter away
than to be married yourself.
——George VI [father]

女王の育った家庭は、親子4人がとても仲が良かった。父親のジョージ6世は病弱で50代で亡くなったが、女王は父親をとても尊敬していた。一方皇太后は101歳まで生き抜き、常に女王にアドバイスをして助けたと言われている。女王は皇太后と妹マーガレット王女を続けて失った時は、非常に力を落としたが、また自分の仕事に立ち返り、公務を勤勉にこなしていった。

1946年、20歳頃のエリザベス王女。父親のジョージ6世（50歳頃）と。

女王について語れば

2019年5月29日、93歳。
バッキンガム宮殿で開催されたロイヤルガーデンパーティーに出席。

彼女は僕にとって
偉大なお手本で、
すばらしい人です

── ウィリアム王子〔孫〕

**She is a huge role model for me
-she is incredible.
──Prince William [grandson]**

ウィリアム王子は、中高校は寄宿制の名門男子校イートンで学んだ。同校は女王が週末に滞在するウィンザー城と徒歩10分の距離にあるため、王子はしばしば女王に招かれてお茶を共にした。女王は、この時に王子に帝王学を授けたと言われる。王子は、「女王のような君主を目指したい」と明言している。

私が学校に送り出されたり、
他の場所に外出したりする際には
いつもメモを渡されたものです。
そこには、他の人と
区別なく扱われるように、
と書き留めてありました

―― チャールズ国王〔長男〕

I remember being, when I was sent off to
school and everywhere else,
I was always accompanied by a note saying
I was to be treated just like everybody else.
――King Charles III [son]

女王の、母親としての気持ちがあふれている。特別扱いをしないで、他の子どもたちと同じように接してほしいという願いだ。女王は君主として公務に大変に忙しかったため、子どもに十分な時間が持てなかった。それでも、このように細やかな指示を出していた。母親としての努力は決して忘れていなかったことが伝わって来る。

1952年、26歳頃の女王とチャールズ皇太子、アン王女。バルモラル城にて。

女王は意見を述べるのではなく助言をくれました
——トニー・ブレア〔元首相〕

She was brilliant at,
without ever giving an opinion,
to nonetheless give advice.
——Tony Blair [ex-prime minister]

イギリスの首相は毎週一回、バッキンガム宮殿に赴き、女王と国内はもとより国際問題まで話しをする。これは外部に発表されることはない。トニー・ブレア元首相（1997〜2007）は、上記のように思い出す。他の誰にも相談できないことを女王には安心して話せた。戦争と平和に関して決断を迫られた時や政府の危機など、困難な局面ではいつも救われたと話す。女王は「君臨すれども統治せず」を文字通り実行した。

2009年10月9日、83歳。セント・ポール大聖堂にて
イラクでの戦闘行為の終了記念礼拝に出席。

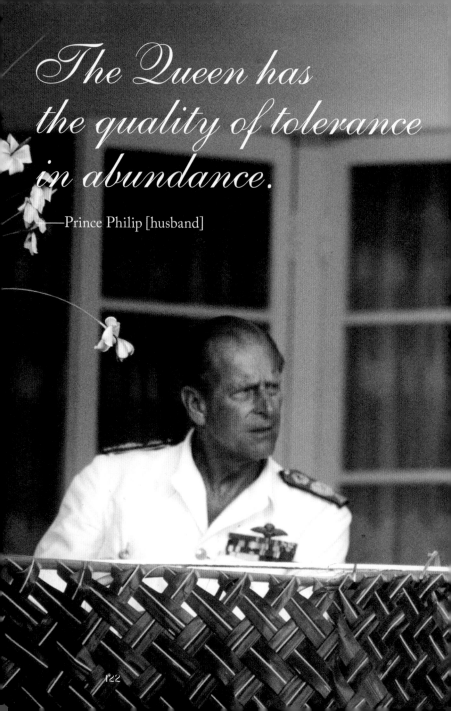

The Queen has the quality of tolerance in abundance.

——Prince Philip [husband]

女王は溢れんばかりの忍耐力をお持ちです

—— フィリップ殿下〔夫〕

フィリップ殿下が、1997年の結婚50年のお祝いの席で述べた。夫婦関係において、女王は忍耐強かったのだ。70年を超える結婚生活は山あり谷ありだった。決していつも平穏ではなかった。それでもおしどり夫婦であり続けたのは、女王が耐えてくれたから。フィリップ殿下の感謝の言葉でもある。

1982年10月。南太平洋の島々を訪問中、ナウルで紅茶を楽しむ56歳の女王と61歳のフィリップ殿下。

エリザベス王女は
独自の品格をお持ちだ。
まだ子どもなのに
驚くべき威厳と
思慮深さを漂わせる

── ウィンストン・チャーチル〔元首相〕

Princess Elizabeth is a character.
She has an air of authority and
reflectiveness astonishing in an infant.
──Winston Churchill [ex-prime minister]

チャーチル首相（1940-1945／1951-1955）が、まだ王女であった時の女王についての印象を漏らした。なお、チャーチル首相は、女王の戴冠時の首相で、早くから女王の資質を見抜き、高くかっていた。2児の母で27歳という若い女性の戴冠を全面的に支持したのだった。

1936年、10歳頃。ヨーク家のロンドンの住居で2匹の愛犬たちと。

女王が「よくできました」と
言ってくださると、
それは格別なうれしさでした

—— ウィリアム王子〔孫〕

**When the Queen says well done,
it means so much.
——Prince William [grandson]**

ウィリアム王子にとって、女王の存在がいかに大きく、心から敬愛していたか
が伝わる。帝王学はチャールズ国王からではなく、エリザベス女王から受けた
王子だった。同時に女王は、母親ダイアナ元妃を15歳で失った王子の大き
な安らぎでもあった。厳しい君主と優しい祖母の顔の両方をウィリアム王子に
は見せていた。母を亡くした心を癒し、偉大な君主へと導いた。

2006年12月15日。英国王立陸軍士官学校の
卒業生を見守る80歳の女王と24歳の孫ウィリアム王子（右）。

At least
Grannie is
with
great-grandpa
now

Prince and three great-grandchildren

少なくとも、今はひいおばあちゃんはひいおじいちゃんと一緒だね。

—— ルイ王子〔ひ孫〕

これはルイ王子（当時4歳）が、エリザベス女王の逝去を悲しむウィリアム皇太子とキャサリン皇太子妃にかけた言葉。天国で今頃はひいおばあちゃんはひいおじいちゃんと一緒にいるから、よかったね、という慰めに国民が涙した。ご両親のやさしさをはぐくむ素晴らしい子育ても伝わってくる。

1947年11月。新婚当時、視線をかわし合う21歳の女王と26歳のフィリップ殿下。

{ episode of... }
Pearl Necklace

真珠

女王の国葬ではロイヤルがそれぞれ追悼の気持ちを表した。ひときわ目立ったのがキャサリン皇太子妃だった。喪服にスレンダーな身を包み、大きめの帽子をかぶっていたが、首元にはパールのネックレスが美しい光を放っていた。

この4連のパール・チョーカーこそ、英王室で「ジャパニーズ・パール・チョーカー」と呼ばれている日本製の真珠である。話しは、1975年に女王がフィリップ殿下と共に初来日されたときまでさかのぼる。女王は真珠が大好きで、伊勢神宮を参拝後は、

世界で初めて真珠の養殖に成功した三重県鳥羽市のミキモト真珠島を訪問した。御木本幸吉氏の努力が実るまでの苦労話しに耳を傾け、工程を見学、海女の方々の実演も視察した。

　この折に日本政府が贈った真珠の粒をロンドンに持ち帰り、王室御用達の老舗宝石商ガラードに制作を依頼した。やがて中央にダイヤモンドを配した見事なチョーカーが姿を見せた。女王は数多くの貴重な宝石を所有しているが、特にこのパールを気にいり、1980年代から長く定期的に身に着けている。その後はカミラ王妃やダイアナ元妃に貸し出された。やがて孫の世代に当たるキャサリン皇太子妃に手渡されるようになった。皇太子妃は、2017年の女王夫妻の結婚70周年記念式典、2021年フィリップ殿下の葬儀時など重要なイベントに選んだ。2022年女王の国葬時に思い出の品として首につけ、深い哀悼の意を表したのだった。

　かなりの年月が経っているにもかかわらず、真珠は輝きを失わず、むしろさらに磨きがかかっているのが見て取れる。英王室のメンテナンスの腕は評価が高いが、それを証明しているかのようだ。ロイヤルレディー3代に亘って愛用される様子に、ものを大切にする気持ちが伝わる。日本とイギリスの関係を大切に思う象徴でもあるのだろう。

LOVE
&
PEACE

第6章 愛と平和

女王のテーマは常に愛と平和だった。アイルランドやインドなど、かつての植民地を積極的に訪ね、できるだけ多くの人と会い、心から哀悼の意を表した。その後の関係に良い影響を与えたのは言うまでもない。

私の生涯でもっとも
忘れられない
夜の一つです

**One of the most
memorable nights of my life.**

1945年5月8日、第二次世界大戦ヨーロッパ戦線が終わった日、女王と妹は街に出て人々と喜びを分かち合った。ドイツに勝利したとは言え、イギリスはロンドンも含めて数多くの攻撃を受け、一般市民にも多数の死傷者を出した。それだけに安堵感と解放感が大きかったのだろう。この貴重な経験は映画『ロイヤル・ナイト』に結実して、高い評価を受け、『ローマの休日』のもとになったとも言われている。

1945年5月、サウスロンドンで人々と交流する
エリザベス王女 (左・19歳) とマーガレット王女 (中央・14歳)。

真心と深い哀憐を表します

I extend my sincere
thoughts and deep sympathy.

女王が長く希望していたアイルランド共和国への初
訪問が実現した。女王はアイルランドの象徴である
グリーンに身を包み、公用語のゲール語で話し始
めた。過去のイギリスの行いにより苦しむすべての
方に、上記の言葉を捧げた。女王の歴史的な訪
問により、長い両国の諍いが収束へ向かい始めた
と言われている。和解や和平こそが女王の治世を
貫くテーマだった。

2011年5月、85歳。グリーンの衣装を纏い、
英君主として100年ぶりにアイルランドを訪問。

What's the

今日は何日?

第72回目の結婚記念日にフィリップ殿下と姿を現した女王は、多くの人の前で大きな声で殿下にこう尋ねた。結婚記念日を妻はしっかり覚えていても、えてして夫は忘れているもの。女王と殿下も「普通の」ご夫婦だったのだ。女王の殿下への愛情が伝わるほほえましいエピソード。

2007年11月20日。ダイヤモンド婚式を記念して、
81歳の女王と86歳のフィリップ殿下が、
ハネムーンで訪れたブロードランズを再訪問。

date?

UMBRELLA "BIRDCAGE"

BY

Fulton

雨の日の公務に欠かせない
女王のアイコン、フルトンの傘

1956年、アーノルド・フルトンにより創立された「フルトン」。女王が愛用されていたのは、鳥かごのようなフォルムが特徴の"バードケージ"と呼ばれるモデル。雨に濡れにくいドーム型でありつつ、女王の姿を隠さない透明なこの傘は、雨の日の公務にはお供をするのが常だった。

Fulton

愛の始まりは小さくても、
いつも大きく
成長するものです

Love begins small but always grows.

これは2016年の女王のクリスマスメッセージの中で語られた。愛情は最初はひそやかに芽生えるかもしれない。しかしそれは次第にしっかりと育っていくという意味。愛情は必ずしも夫婦や恋人に対するものとは限らない。きっと様々な状況での愛情について述べていると思われる。短くわかりやすく、比較的やさしい英語を使っているけれど、含蓄に富む言葉　に思わずうなってしまう。

2016年6月17日。ロイヤルアスコットのパレードに
参加中の90歳のエリザベス女王と95歳のフィリップ殿下。

愛を貫くためには、
悲しみを避けては
通れません

Grief is the price we pay for love.

2001年9月11日アメリカで同時多発テロ事件が起きた時に、女王がアメリカ国民に向けて送ったメッセージ。世界貿易センタービルの犠牲者だけで3000人近いと言われている。愛する人を突然に失った遺族の心情を思いやり、こうした言葉が出たのだろう。女王の短い言葉に深い慈しみを感じる。愛していたから、それだけ悲しみも深いのだ、という意味だと思う。

2010年7月6日、84歳。ニューヨークを訪問中、グラウンド・ゼロで献花した女王。

Of course for many,
this time of year will
be tinged with sadness.
Some mourning
the loss of those
dear to them and
others missing friends
and family members
distanced for safety,
when all they really
want for Christmas is
a simple hug or
a squeeze of the hand.

むろん多くの人は悲しみの中にあるでしょう。
大切な人の死を悼む人や、
安全のために遠く離れている友人や
家族を恋しがる人もいます。
彼らが何よりクリスマスにほしいものは、
ただシンプルなハグや手のぬくもりなんです

2020年のクリスマススピーチ。この時期はコロナ禍で、クリスマ
スといってもこれまでのように自由に家族や友人に会えるわけでは
なかった。それを踏まえて、女王は多くの人は悲しみの中にあるで
しょう、と大切な人を失った悲しみに心を寄せる。また離れて過ご
すことを強いられた人の気持ちも推しはかる。それで、上記のよう
な言葉が出たのだった。

愛と平和

あなた自身と
信じることのために
立ち上がることを
学ぶ必要があります

You need to learn to stand up
for yourself and
what you believe.

この前に「結局はあなたのご両親はあなたの元を去
り、無条件であなたを守ってくれる人はいなくなり
ます」との言葉がある。したがって自分で自分を守
り、信念に向かって立ち上がらないといけないと教
えている。人としての自立を促し、信じる道を歩ん
でほしいという力のこもった一言。

1957年12月25日、31歳。国民に初めてテレビ放送でクリスマスメッセージを伝えた。

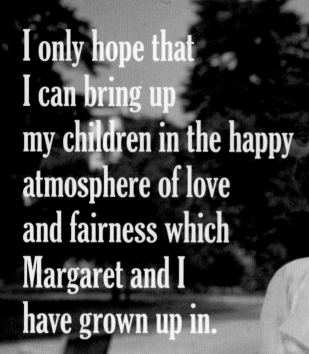

I only hope that
I can bring up
my children in the happy
atmosphere of love
and fairness which
Margaret and I
have grown up in.

私はただ妹のマーガレットと
私がそうだったように、
子どもたちを公平で
愛に満ちた幸せな環境で
育てられればと願っています

女王は子育てについて、子どもたちを公平で、愛に溢れ、幸せな環境で育てたいと願っていた。三男一女に恵まれた女王は、君主という仕事と育児の両立に苦しんだようだ。女王としての仕事ぶりは大変に評価が高いが、子育ては4人中3人が離婚したことなどから、力が足りなかったと感じている。ただ問題が起きたのはチャールズ国王とアンドルー王子で、アン王女とエドワード王子は公務に熱心で王室を支えていると評判は高い。

1951年8月8日、ロンドンのクラレンスハウスにて。
25歳のエリザベス女王とフィリップ殿下、
チャールズ皇太子とアン王女。

{ episode of... }

Health Rules

女王の健康法

エリザベス女王は96歳で亡くなったが、亡くなる2日前に、スコットランドのバルモラル城でトラス首相(当時)の任命を行うなど、最後の最後まで公務に励んだ。首相任命は、君主しかできない重要な公務である。生涯現役を文字通り貫いた女王は、何より健康を大切にした。70年に亘る在位期間中は大きなけがもなく、長期入院するような手術も受けなかった。これまで、70代で膝軟骨の手術、80代でおなかの風邪で一泊入院、90代で白内障の日帰り手術を受けたくらいだ。死亡診断書の死因には、「老衰」と書かれている。

健康法の基本は、規則正しい生活だ。朝は7時半に起きてカーテンを開け、日の光を浴びる。そこにスタッフが紅茶を運んでくる。お気に入りはチャールズ皇太子(当時)が私邸「ハイグローヴ」で手がけたアールグレイだ。それをいただきながら、ラジオのBBCニュースを聞く。イギリス国内ばかりでなく、世界の出来事に耳を澄ませる。

　それからお風呂に入る。湯加減はいつもぬるめで、用意された衣服に着替えると朝食をとる。このように時間通りに動くのは、女王の生活リズムを整えるのと同時に、女王のために働く多くの人にとってもありがたいことだろう。彼らや彼女らが働きやすいようにとの配慮もある。女王の国葬の最後には、バグパイプ奏者が女王が前もって選曲したメロディーを流した。その中には、宮殿などで働いてくれた人たちをねぎらう一曲が混じっていた。

　女王は、晩餐会や昼食会での食事は高カロリーのものが含まれることが多いので、普段はできる限り軽めにしている。好き嫌いはなく、なんでも召し上がったが、チキンと新鮮な野菜が中心で、万が一の食中毒を避けるために貝類や生魚は口にしない。ただ、チョコレートが好きで、おやつにダークチョコを口にいれるところを目撃されている。また最も好きなお酒はジンで、ランチの前にデュボネとレモンのスライスを加えた爽やかなカクテルをたしなんだそうだ。

LOOKIN
BEYON

第7章 未来をみつめて

女王が年齢を重ねていくと、生前退位をして皇太子に座を譲るべきとの声が上がった。それでも女王は最後まで国民に奉仕する誓いを守ろうとした。女王の老いへの処方箋は、年齢を受け入れること。そして信念を貫くことだった。

過去の教訓を理解すれば、
未来を理解することが
できるのです

We can make sense of the future,
if we understand the lessons of the past.

在位期間が英王室最長の70年という女王。過去を振り返りそこから学んだことが多かったのかもしれない。未来を理解しよう、将来を知ろうとするなら過去を見ればよいとの考えだ。歴史の尊さは別のスピーチでも繰り返していて、過去から学ぶことの重要性を強調している。私たちはとかく過去を振り返るよりも、これから先のことに頭を向けがちだ。過去を忘れず、これからに生かそうという女王の言葉は重い。

2009年5月15日、83歳。ロイヤルウィンザーホースショーを観覧中。

私たちの正しいことを行う決意が
時の試練に耐えられるよう願っています

Our willingness to take a lead,
and our determination to
do the right thing,
will stand the test of time.

女王は1957年に国連演説をしたけれども、再び
演説を依頼された。将来の世代が私たちを判断し
た時に、私たちの誠実さ、リードしていく意欲、そ
して正しいことを行う決意が、たとえ時間が経って
もきちんと評価されるように望むという。現在、自
分達がとる行動が、必ずのちの人から判断される。
それを絶えず念頭に置いておくべきなのだ。

1995年4月、68歳。ウィンザー城の
セントジョージ教会にてイースター礼拝に参加。

目の前のことを
やるだけですよ

Well, you just get on with it.

ニュージーランドのアーダーン首相（当時）に、リーダー業と母親業の両立について尋ねられた時に目の前のことをやるだけ、と答えた女王。まずは目の前のことに一つずつ向き合っていかれたのだろう。なかなか思い通りには行かなかったかもしれないが、とにかく誠実に全力で走り抜けた姿勢が伝わってくる。なお、アーダーン首相は首相引退を2023年1月に発表した。

Why are women ex-
the time. It's unfair. If
it's automatically
rious person, not a

pected to be small
a man looks solemn,
assumed he's a se
miserable one.

なぜ女性は
いつも笑顔でいなければ
ならないのでしょう。

不公平だ。
男性が厳粛な顔をしていれば、
自動的に真面目な人だと思われ、
惨めな人ではないとみなされる

まだ女性のリーダーがほとんど見られなかった時代、女王はいつも君主であり
ながら「女性であること」を求められた。その気持ちから出た言葉と思われる。
男性が厳粛な顔をしていれば、自然に真面目な立派な人だと思われることが
多いのに。女王は世界でも稀な女性リーダーとして、君主としての威厳と女性
としての優しさを共に備えていないといけなかった。

2014年3月31日、87歳。ウィンザー・グレイ
(儀式に使用した灰色の馬)の像の除幕式に出席した女王。

母親であることは、
何よりも大切な仕事です

Motherhood is
the only job which matters.

2012年に女優ケイト・ウィンスレットが大英帝国勲章を授与された時に、女王と話す機会があった。彼女が女優よりも母親であることを大事にしていると話した時に、女王が返した言葉。ケイト・ウィンスレットは映画『タイタニック』を始め、数々の名作に出演して、その演技力は高く評価されている。アカデミー賞の主演女優賞を受賞した実力派で、3人の子どもの母親でもある。女王から同意していただいて、うれしくまた光栄だったことだろう。

1952年11月14日、26歳。スコットランドのバルモラル城で、
4歳のチャールズ皇太子、2歳のアン王女と記念撮影。

2018年7月10日、92歳の家族写真。左か
らチャールズ皇太子、カミラ夫人、アンドルー
王子、女王、メーガン妃、ヘンリー王子、ウィ
リアム王子、キャサリン妃（称号は当時）。

Recollections may vary.

記憶とは様々に変わるもの

ヘンリー王子とメーガン妃が王室離脱後に、アメリカのオプラ・ウィンフリーさんのインタビューを受けた。その中で、アーチー君の肌の色を疑うような発言があったとほのめかした。王室内で人種差別を受けたとする言葉に、女王はすぐに反応した。記憶は変わるもので、幅があり、人により受け取り方も違ってくる。決して責めてはいない。記憶とは曖昧なものとぼかしながらたしなめている。哲学的な切り返しとされ、名言と言われた。

まだ生きていますよ

I am still alive.

久しぶりに会った客人に「お元気でしたか」と尋ねられた時のお返事。「still（まだ）」にユーモアを感じる。単に「元気です」と答えないで、茶目っ気のあふれた言葉で切り返した。これからも頑張りますよとの意味合いもこめられている。いつも生きることに前向きで、自分を励ます言葉でもあったのだろう。年を重ねれば、どこか不調なところはでてくるもの。それでも生きることに最後まで貪欲だった。亡くなる二日前に、新しい首相の任命を行っている。トラス首相（当時）は女王の滞在先のスコットランドまで飛び、女王による任命式を受けた。文字通り生涯現役を貫いた。

2016年6月28日、90歳。
ライトグリーンの衣裳を纏い、北アイルランドを訪問中の女王。

長く生きてきて
わかったことがあります。
長く同じ状態が続くことは
無いということです

I have lived long enough to know
that things never remain
quite the same for very long.

これは、2006年のクリスマス・スピーチで発せられた。何か悪い状態が続くときには、永遠にその状態が続いてしまうように思うもの。しかし、悪いことは決して長くは続かない、と教えている。したがって絶望する必要はないのだ。逆もまた然りで、よいこともまた永遠には続かない。長く生きてきた人の実感だ。

2005年4月23日、79歳。雨の中、
イングランドの守護聖人の日、セントジョージデイのパレードに参加。

172

良い思い出とは、
幸せの二度目のチャンスです

**Good memories are
our second chance at happiness.**

思い出の大切さを教えている。良い思い出は、思い出すだけでもう一度幸せ
になることができる。たとえ過ぎ去った昔のことでも、楽しかったことは、思い
出せばまた笑みが浮かび、喜びがよみがえる。女王は、楽しかった思い出を
たくさん胸に秘めておられたのだろう。辛い悲しい過去ではなく、楽しいこと
を覚えていたいとのメッセージでもあるようだ。

1961年11月、35歳。英連邦のシエラレオネを訪問中の女王。

私には、
お手本にするべき
ガイドブックはありません

There is no guidebook to follow.

女王の在位70周年を祝うプラチナジュビリーの行事が華々しく行われたのは、2022年6月のことだった。英王室始まって以来の最長在位記録を打ち立てた女王は、謙虚に上記のように述べた。そしてこれからも家族に支えられながら精一杯、国民の皆様におつかえしていきたいと述べ、最後まで国民のために働く姿勢を崩すことはなかった。亡くなるわずか3ヶ月前のことだった。

2022年6月2日、96歳。バッキンガム宮殿のバルコニーから
プラチナジュビリーの特別記念飛行を見上げる女王。

未来をみつめて

A long life can pass by many milestones.

人生が長くなると、
多くの節目を通り過ぎるものです

2015年9月9日、在位63年216日になった。高祖母であるビクトリア女王を抜いて在位期間が歴代最長の君主となった。女王は特別なことはしないで、スコットランドに行き鉄道の開通式に出席した。89歳の女王は、人生が長くなれば、様々な節目を通る、私もまた例外ではない（My own is no exception）と語ったのだった。女王は、戦争、結婚、出産、即位、数多くの外遊や公務と、多くの節目を通り過ぎたことを思い出すことも多いのだろう。国民に寄り添う言葉が自然に出る方だった。

2015年9月9日、89歳。スコットランドのエディンバラ・ウェーバリー駅で蒸気機関車に乗り、手を振る女王。

未来をみつめて

179

2022年9月19日、エリザベス女王の国葬。

信じてもらうためには、見てもらわないといけません

I have to be seen to be believed.

女王は「開かれた王室」を目指し、国民の目にできるだけ触れるようにした。鮮やかな一色使いの着こなしも、国民の目に留まる工夫だった。BBCのアンケート調査によると、国民の3人に1人が女王を直接見たことがあると言う。胸をつかれたのは、女王の棺を運ぶ霊柩車がガラス張りだったことだ。亡くなってからまでも、国民から自分の姿が見えるように配慮した。国民への愛はこれほど深かった。

{ episode of... }

With Animals

動物との触れ合い

女王の動物好きはよく知られている。犬に関しては、父ジョージ6世より誕生日に子犬をプレゼントされてから、ずっと飼っている。

　繁殖も続けており、一時は数えきれないほどだったという。2012年のロンドンオリンピック開会式の時は、ヘリコプターで上昇していく女王を二匹のコーギー犬が名残惜しそうに見上げていた。また、女王の国葬では、バッキンガム宮殿の外に愛犬が姿を見せ、女王の棺をいつまでも見送った。

女王はバッキンガム宮殿で月曜から金曜まで仕事に励み、週末は郊外のウィンザー城で休みを取った。訪問客があればそうはいかないが、なるべく忙しい日々から離れたひと時を意識的に持つようにした。その時には、必ずと言ってよいほど動物と触れ合った。犬は相手が女王とは知らない。それがよかった。女王は気を遣われることなく、女王も気を遣うことなく、心から安らぐことができた。動物との触れ合いは、女王にとってなくてはならない癒しだった。

　馬もまた女王は大好きだった。外遊から帰ると、まっすぐ馬に会いに行ったとのうわさがあるほどだ。3歳から馬に乗るようになり、生涯に亘って馬を愛し、馬と一緒の写真も多く撮られた。90歳を超えてからもウィンザー城の広大な敷地で乗馬を楽しむ姿が目撃されている。

　馬好きは、長女アン王女に受け継がれ、その長女のザラさんにも引き継がれている。ザラさんはロンドンオリンピックの馬術競技に出場して、メダルを獲得している。女王は毎年、アスコット競馬場で多くの参加者と共に競馬を楽しみ、競争馬のオーナーとして声援を送っている。賞金も一年で約7千万円以上を獲得した時もあったという。国葬に参列したシャーロット王女が黒のコートドレスの胸につけていたのが、上品なシルバーの馬蹄形ブローチ。馬好きのひいおばあ様に敬意を表したのだった。

ROYAL FAMILY
GENEALOGY

英国王室家系図

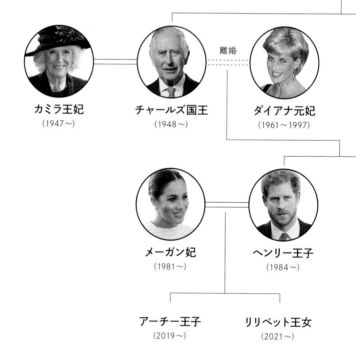

エリザベス2世 女王
（1926〜2022）

カミラ王妃
（1947〜）

チャールズ国王
（1948〜）

離婚

ダイアナ元妃
（1961〜1997）

メーガン妃
（1981〜）

ヘンリー王子
（1984〜）

アーチー王子
（2019〜）

リリベット王女
（2021〜）

フィリップ殿下
(1921〜2021)

アン王女
(1950〜)

アンドルー王子
(1960〜)

エドワード王子
(1964〜)

ウィリアム皇太子
(1982〜)

キャサリン皇太子妃
(1982〜)

ジョージ王子
(2013〜)

シャーロット王女
(2015〜)

ルイ王子
(2018〜)

　本の企画はKADOKAWAの編集者、佐々木健太朗氏がもたらしてくれた。「女王の色鮮やかなファッションと名言の数々、そこに女王の英語をちりばめて一冊にしましょう」という申し出だった。

　私は、英王室の中でも特にエリザベス女王に親近感を抱いていた。それはたった一度だけでも、直にお会いしたためかもしれない。ロンドン在住中、女王が退役軍人のためのチャリティー団体の集まりに臨席されると知った。一般の参加者を募っている。さっそく寄付金2万円弱を支払ってロンドンのセント・ジェームズ宮殿に足を運んだ。カナッペとシャンパンをいただいて宮殿内を見学していると、奥から姿を見せた。黒いバッグを左腕に通し、赤いワンピースを優雅にまとう女王スタイル。なんといっても笑顔が素敵だった。参加者一人一人に目を合わせてくださったが、お人柄がにじみ出るやさしいまなざしだった。

　佐々木氏の提案にはうれしさがこみ上げた。女王の在位70年にちなんで70点の写真と名言を伝える本なら、家のリビングでページを開きファッションを楽しんでいただいても、選りすぐりの名言をじっくり味わっていただいてもよい。女王の生の英語に触れられるのも貴重だ。女王の英語は難解な単語をできるだけ避け、わかりやすさを重視しているように感じられる。その点でも、一般の日本人にも受け入れやすいかもしれない。その代わり、意味するところが重く、味わいは深く、余韻は長い。受け取り方が人によって必ずしも同じではないことも考えられる。こちらも伝わりやすさを念頭に置いて、思い切って意訳

させていただいたところもある。ご容赦をお願いしたい。

　5月6日は国王チャールズ3世の戴冠式だ。6、7、8日は3連休と決め新国王の船出を祝う。6日、国王はカミラ王妃とバッキンガム宮殿を出発、まっすぐに伸びたザ・マルを抜けウエストミンスター寺院に到着する。そこで戴冠式を終えると宮殿に戻り、バルコニーに姿を見せて歓呼の声にこたえる。

　ただ70年前の女王の戴冠式に比べ、ゲストの数は4分の1の2000人、時間は半分以下の1時間ほどに短縮される。チャールズ国王が皇太子時代から繰り返し唱えた王室のダウンサイズ化がさっそく実践されるのだ。7日は大規模なコンサートで、最終日の8日はボランティア活動推奨の1日となる。多くの王族が国民と一緒に多彩な奉仕活動を行う。

　気になるのは、ヘンリー王子とメーガン妃の動静だ。二人は戴冠式に出席するのだろうか。二人は結婚して2年もたたないうちに王室を離脱した。2021年にはアメリカのオプラ・ウィンフリー氏のインタビューを受けた。王室内でアーチー君の肌の色を探る話題があったと人種差別をほのめかした。2022年には、米大手配信サービス、ネットフリックスからドキュメンタリー番組「ハリー＆メーガン」を公開した。そして2023年1月にはヘンリー王子の回顧録『スペア』を発売した。父、兄、キャサリン皇太子妃、カミラ王妃まで個人攻撃をしている。二人はこうした王室批判ビジネスで、巨額の収入を得ている。

　5月6日はアーチー君の4歳の誕生日なので、それを理由に欠席することも

考えられる。聞こえてくるのは「女王がご存命なら、どのようになさっただろう」という女王の数々の見事な捌きを思い出す声だ。また「女王がドキュメンタリー番組や暴露本をご存じないのは、心痛を思えばよかったかもしれない」との意見もある。女王の潔い決断と温情の完璧なバランスは、人々の心に深い印象を残している。しかし、もう女王はいない。彼女のレガシーをいかに生かすか、英王室の今後はこれにかかっている。

　最後になりましたが、佐々木氏以外にも多くの皆様のお力を得ました。

印田友紀さん・編集サポート
大橋美由紀さん・イラストレーター
岡本真実さん・ファッションエディター
月足智子さん・アートディレクター兼デザイナー
わたなべろみさん・イラストレーター　　　　　　　　　　（アイウエオ順）

皆様の女王への熱い気持ちから、素晴らしい一冊が姿を見せました。
本当にありがとうございました。

2023年4月
多賀幹子

SOURCES (A-Z)
参考文献

- Alan Titchmarsh 著
  『Elizabeth: Her Life, Our Times』
- BBC News
- CBC News
- Daily Mail
- DK 社
  『Queen Elizabeth II and
  the Royal Family』
- Economist
- Financial Times
- Guardian
- Hardie Grant Books
  『Pocket The Queen Wisdom』
- Harper's Bazaar
- Huffington Post
- Independent
- Ingrid Seward 著
  『The Queen's Speech』
- Ingrid Seward 著
  『William & Harry:
  The True Story of
  The Royal Princes』
- Insider
- International Business Times
- Irish Times

- Marcus Kiggell & Denys Blakeway 著
  『The Queen's Story
  The Woman Behind the Throne』
- Orange Hippo! 社
  『The Queen: 1926-2022
  In Her Own Words』
- Royal (www.royal.uk/)
- Royal Britain『Queen Elizabeth II
  Diamond Jubilee』
- Royal Central
- Sali Hughes 著『Our Rainbow Queen』
- Sally Bedell Smith 著
  『Elizabeth the Queen:
  The real story behind The Crown』
- Telegraph
- TIME
- Tom Bower 著
  『Revenge: Meghan, Harry and
  the war between the Windsors』
- Vogue
- WSFM オーストラリア
- 映画『エリザベス 女王陛下の微笑み』
- 扶桑社ムック
  『皇室 Our Imperial Family
  第 47 号（平成 22 年夏号）』

多賀幹子 MIKIKO TAGA

英国王室ジャーナリスト。東京都生まれ。お茶の水女子大学文教育学部卒業。企業広報誌の編集長を経てフリーのジャーナリストに。元・お茶の水女子大学講師。1983年よりニューヨークに5年、95年よりロンドンに6年ほど住む。女性、教育、社会問題、異文化、王室をテーマに取材。執筆活動のほか、テレビ出演・講演活動などを行う。公益財団法人 北野生涯教育振興会 論文審査員。著書に、『孤独は社会問題』(光文社新書)、『ソニーな女たち』(柏書房)、『親たちの暴走』『うまくいく婚活、いかない婚活』(以上、朝日新書)などがある。

英国女王が伝授する
70歳からの品格

2023年4月20日　初版発行

著者／多賀 幹子

発行者／山下 直久

発行／株式会社KADOKAWA
〒102-8177　東京都千代田区富士見2-13-3
電話 0570-002-301 (ナビダイヤル)

印刷所／図書印刷株式会社
製本所／図書印刷株式会社

●お問い合わせ
https://www.kadokawa.co.jp/ (「お問い合わせ」へお進みください)
※内容によっては、お答えできない場合があります。
※サポートは日本国内のみとさせていただきます。
※Japanese text only
定価はカバーに表示してあります。

©MIKIKO TAGA 2023 Printed in Japan
ISBN 978-4-04-606177-5 C0022